TEMBO TABOU

ET D'AUTRES
GALIPETTES
DU
MARSUPILAMI...

DUPUIS

Dépôt légal : février 1989   D. 1974/0089/23
ISBN 2-8001-0351-5   ISSN 0772-0262
© 1974 by Franquin and Editions Dupuis.
Tous droits réservés.
Imprimé en Belgique.

R.   11/90

TEMBO TABOU

DESSINS: Roba ET Franquin
SCENARIO: GREG

AU CŒUR DE LA GRANDE FORÊT AFRICAINE, LES RIVES DU LABATOU-TOBOU RETENTISSENT DU CHANT RYTHMÉ DES PAGAYEURS...

SUR CHAQUE EMBARCATION, LE CHEF DE NAGE SCANDE L'EFFORT DE SES HOMMES AUX ACCENTS D'UNE MÉLOPÉE INDIGÈNE.

GONDO-O-O···
GONDO-O-O···
GONDO-LI-HEEEE...

À BORD, SPIROU ET FANTASIO. MALGRÉ LEUR JEUNE ÂGE, ILS ONT L'HABITUDE DE CES EXPÉDITIONS AVENTUREUSES! CE NE SONT PAS DE GRANDS CHASSEURS, JAMAIS ILS N'ONT TUÉ UN ANIMAL, MAIS ILS ONT ÉTUDIÉ LES MŒURS DU RHINOCÉROS, PHOTOGRAPHIÉ LES GORILLES CHEZ EUX, EXPLORÉ LES FONDS MARINS...

1A

UN EXPLOIT SURTOUT LES RENDIT CÉLÈBRES. C'EST EUX QUI CAPTURÈRENT, DANS LA FORÊT AMAZONIENNE, UN ANIMAL JUSQUE-LÀ LÉGENDAIRE: *LE MARSUPILAMI!*

HOUBA! HOUBA!

CET ÉTRANGE PETIT FAUVE, QUI NE LES QUITTE PLUS, STUPÉFIE ENCORE LE MONDE SAVANT, QUI RECONNAÎT EN LUI L'ANIMAL LE PLUS PERFECTIONNÉ QUI SOIT AU MONDE!..

HOP

CRONCH CRONCH

REMONTANT VERS LES SOURCES DU LABATOU-TOBOU, ILS PÉNÈTRENT DANS LE KWAKILDILA, POUR Y REJOINDRE LE CÉLÈBRE ÉCRIVAIN DE L'AFRIQUE OLIVER GURGLING THIRSTYWELL, DÉJÀ SUR PLACE.

SUL TAHGONDO·O·OLLE...

REGARDE, SPIP, CE BEAU PAYSAGE AVEC UNE FAMILLE DE CROCODILES À L'AVANT-PLAN...

À L'AVANT-PLAN?‽

!!??
AH! ÇA, MAIS... !!! J'AI LA BERLUE, MOI!!!

Franquin Roba
SCENARIO: GREG
1a

HÉ LÀ! OÙ EST PASSÉ LE MARSUPILAMI? IL EST PRÈS DE TOI, FANTASIO?

JE NE L'AI PLUS VU DEPUIS LE DÉBARQUEMENT.

NOUS AURONS TOUJOURS LES MÊMES ENNUIS. DÈS QU'IL EST DANS UNE FORÊT, IL N'ÉCOUTE PLUS QUE SON INSTINCT!

NE VA PAS TROP LOIN, SPIROU... ET SOIS PRUDENT!

MARSUPILAAAMI!

C'EST AGAÇANT! OÙ A-T-IL PU PASSER? UN ÉLÉPHANT PASSERAIT INAPERÇU DANS CES TAILLIS.

DIABLE! ON SE PERDRAIT FACILEMENT DANS CE PAYS. RETOURNONS PRUDEMMENT AU CAMP!

HOUBA!

POP

HOP! HA HA!! HAHAHA!!!

AH! TE VOILÀ!! VIENS ICI, MARSUPILAMI!

TAVU? ÇASSÈ PABAH-NAL!

SI TU DISSA ÔKOLLÈ GUY SPAY-TAH FIGUH!

MARSUPILAMI! VEUX-TU VENIR! OU DOIS-JE ALLER TE CHERCHER?

TIENS? IL S'ARRÊTE! ET IL EST TOUT HÉRISSÉ!!! QU'A-T-IL VU?

SNIF... HOUBA? KSSiiii GRRRROOO!!!

MAIS... MAIS... LÀ! C'EST... C'EST LE MÊME QUE SUR LA BERGE!!!!

Panneau 1: FANTASIO, QUELQU'UN SE PAYE NOTRE TÊTE! EN VOILÀ LA PREUVE! — ?

CET ÉLÉPHANT VIENT DE SE GRATTER À L'ÉCORCE DE L'ARBRE, ET IL Y A LAISSÉ UNE TRACE ROUGE! — IL S'EST PEUT-ÊTRE BLESSÉ... OÙ AS-TU VU ÇA?

FANTASIO!

? — PLOF

BRAAOUUR! — A...AÏAÏAÏE! — BOUM — BOUM

VITE! IL FAUT QUE JE...

POUF — ? — SPIROU! QU'EST-CE QUE TU FAIS!?

M-MAIS TU VAS TE FAIRE CASSER LES OS!

SI J'AI VU JUSTE, JE NE SUIS PAS LE PREMIER CORNAC DE CET ÉLÉPHANT SAUVAGE... AVEC UN PEU DE CHANCE...

MAIS...ILS'EN VA! SPIROU! REVIENS!

DES CAILLOUX!!!

MILLE MILLIARDS DE ✺✶●!!

OÙ SONT CES PYGMÉES ? ILS VONT LE PAYER CHER !!

ATTENDS ! ILS N'ONT SÛREMENT PAS TROUVÉ ÇA TOUT SEULS !

YÉ N'AIME PAS ÇA ! ÇA SENT LE PIÈGE ; FAUT PRÉVENIR LE PATRON !

OUAIS... T'AS PEUT-ÊTRE RAISON.

ON DEVRAIT CHANGER D'AIR ! JE L'AI DIT, QUE ÇA TOURNERAIT AU VINAIGRE, DEPUIS LE JOUR OÙ CE GRAND ROUQUIN NOUS A DÉCOUVERTS !

LAISSE LE CHEF PENSER... NOUS, ON A DE TROP PETITES TÊTES !

APPROCHONS-NOUS ET SAUTONS-LEUR DESSUS À L'IMPROVISTE !

CHT !

JE VOUDRAIS BIEN RETOURNER À LA MAISON !

NOUS NE SAVONS PAS OÙ NICHE LEUR REPAIRE... ON LES LAISSE NOUS Y CONDUIRE, MAIS CE N'EST PAS EUX QUI Y ENTRERONT. VU ?

DIS ! C'EST JOUER SERRÉ, ÇA !

PFFT ! C'EST LOURD, MÊME POUR DÉS CAILLOUX !

ALLEZ ! CINQ CENTS MÈTRES APRÈS LA TERMITIÈRE ET ON Y EST !

C'EST TOUT CE QUE NOUS VOULIONS SAVOIR ! HAUT LES MAINS !

HAUT LES MAINS !

MAIS À SIX CENTS MÈTRES DE LA...

ALLEZ À LA RENCONTRE DE CLEM ETTOPICO... CES PÉPITES SONT LOURDES À PORTER !

JAWOHL !

CLAC

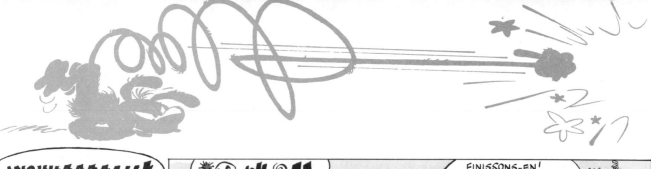

WOUUAAAAAH!

FINISSONS-EN! ILS M'ÉNERVENT, MOI, À LA FIN, CES TÊTUS-LÀ!

JE N'AURAIS JAMAIS DÛ ACCEPTER CE POSTE DE JARDINIER!

28A

QU'EST-CE QUE...? ATTENDEZ! QUEL EST CET ANIMAL RIDICULE? J'AIMERAIS VOIR ÇA DE PLUS PRÈS!

!! KSSSS!! GROOO!

PAF
GAW!
LAISSE-LE-MOI! TU T'Y ES TRÈS MAL PRIS!

POP
BOUM

PLAF
BOM

BONG

HOUBA! HOP, HOP HOP!
BOUM BOUM BOUM
BOUM BOUM

28B

ATTENTION! MARSUPILAMI, DERRIÈRE TOI! LA PLANTE!

HOUBA! BRRORR GROOOOO! AHRRR

BOM!

BOM

GNAP!

ATTENTION MARSU... AÏE!

CROMCH ARGN GROUMP RGNAC

DÉFENDS-TOI, MARSUP...

GROUMCH ARGN RGNAC

HÉLAS! IL DISPARAÎT! QUELLE FIN AFFREUSE POUR CE PETIT ANIMAL SI DOUX, SI TENDRE!!

SCHRROUM RGNAPRGNAM

AÏE!

ÊTRE OBLIGÉ D'ENTENDRE CES BRUITS DE CAUCHEMAR!!!

CROMCH CROMCH

GNAM RGNAP

PLUS DE BRUIT!! CETTE MONSTRUEUSE SCÈNE DE VORACITÉ SERAIT-ELLE TERMINÉE? CE MONSTRE AURAIT-IL DÉJÀ...?

HIPS

25A

OH FORMIDABLE! QUEL MERVEILLEUX APPÉTIT!

HIPS

VITE, SPIP! JE CROIS QUE CES BANDITS REPRENNENT LEURS ESPRITS!

AÏE AÏE AÏE! IL Y A LE GRAND, LÀ, QUI VA...

HMMM... JE SENS QUELQUE CHOSE D'INAMICAL DANS L'ATMOSPHÈRE.

PRENDS GARDE, SPIROU! DERRIÈRE TOI! ET DEVANT TOI! ET SUR LE CÔTÉ!

HIPS

25B

JE VAIS LE...

NON! LAISSE-LE-MOI!

BOUF

SPROTCH

26 A

HÉ! VOUS AVEZ TOUS VU? C'EST MOI QUI AI LE REVOLVER!!

ICI, VOUS! ALERTE, SPIROU! CELUI-CI VOULAIT...

J'AI DIT HAUT LES MAINS! ET CONTINUEZ À QUATRE PATTES! DÉBROUILLEZ-VOUS!!

AÏE AÏE AÏE! SPIROU, LES AUTRES SE RAPPROCHENT! ATTENTION! ET LE GRAND ESSAYE D'ATTEINDRE SON REVOLVER!!

SCROTCH SCRITCH

RECULEZ, VOUS, LÀ!... ET LÂCHEZ CE BÂTON... JE VOIS LA TACTIQUE...

...OUI, ILS APPROCHENT LENTEMENT, ILS VONT TE SAUTER DESSUS DE TOUS LES CÔTÉS À LA FOIS!

CES CORDES! CE SONT DES CÂBLES!

ET CES LIENS?.. VITE, ÇA VA TOURNER MAL... TIENS, QUEL EST CE BRUIT?...

TAMTAM TOUM TAMTAM TOUM

26 B

TOUM TAM TAM TOM TOUM TAM TAM

TATOUM TATOUM BEUH

?

BRAVO, SPIP! JE SUIS LIBRE!

JE NE SAIS PAS D'OÙ VIENT CE CHAHUT, MAIS LES BANDITS EN SONT TOUT IMPRESSIONNÉS!

À CE RÉGIME-LÀ, MES DENTS NE TIENDRONT PAS LE COUP!

TOUM TOM BEUH

TAM TAM TAM TAM TAM TOUM

BEUH BEUH

TOUM TOUMTOUM TAMTOUM

TAM TOUM TAM TAM

TOUM

TOI CROIRE EUX AVOIR PEUR?

SI EUX AVOIR SEULEMENT MOITIÉ FROUSSE DE MOI, NOUS GAGNER!!

TAMTATOUM TAMTATOUM

BEUH

LES PYGMÉES! C'EST LA RÉVOLTE, MATUVU!

ILS N'OSERAIENT PAS...

J'AI TOUJOURS DIT QU'ILS SE RÉVOL- TERAIENT...

IL Y A LONGTEMPS QUE JE T'AVERTIS, ON A EXAGÉRÉ!

JE TE RÉPÈTE QU'ILS N'OSER... AÏÏKK!

DZZZOÏNG!

LES PYGMÉES SE RÉVOL- TENT!!

TOUTE LA TRIBU DOIT ÊTRE LÀ!

VITE! À LA CABANE!

VITE! DES ARMES!

TU AS VU CETTE LANCE!

ON RESPIRE!

PERSONNE NE ME SUIVRA PAR ICI!..

GNAP

CLAP

CLAP

CRAC

OUF! J'AI RÉUSSI! JE SUIS VIVANT...

CLAP

ET SAUVÉ! CAR J'AI UNE IDÉE... UNE IDÉE DE POIDS!

HÉHÉ! ILS N'ONT PAS FAIT DE POLITESSES POUR PASSER LA PORTE!

MAIS POURQUOI LES SUIVRE? FILONS D'ICI!

AVEC CES DEUX-CI, NOUS POURRONS OFFRIR À LA PRISON DU DISTRICT UNE SPLENDIDE COLLECTION DE CANAILLES!

VOICI NOS VÊTEMENTS, FANTASIO...

30A

PLUS TARD, AU VILLAGE DES PYGMÉES...

...ILS SONT À VOUS! AVEC CES TROIS COSTAUDS, VOUS NE CRAINDREZ PLUS RIEN DANS LA FORÊT...

HI! HI! HI! HI!

VOILÀ! LA POLICE DU DISTRICT VIENDRA DANS QUELQUES JOURS... LES PYGMÉES VOUS NOURRIRONT! ILS NOUS ONT PROMIS DE NE PAS VOUS FAIRE DE MAL!

UNE CUILLER POUR PAPA... UNE CUILLER POUR MAMAN!

ÇA SOUPE AUX PLANTES QUI MORDENT

OUIN!

NE PARLEZ DE VOS PIERRES JAUNES À PERSONNE... L'ADMINIS-TRATEUR VIENDRA VOUS DIRE COMMENT VOUS EN SERVIR POUR VIVRE PLUS CONFORTABLEMENT...

AOW, NO! JE RESTE ICI! LITTLE PYGMIES TRÈS INTERESTING! JE COMMONCE REPÔTAGE FÔÔMIDÈBEL!... MERCI POUR TOUT!

TAC TACATAC TAC TAC DING

EN AVANT, FANTASIO! NOTRE CAMP EST À PLUSIEURS HEURES DE MAR-CHE... NOS PORTEURS DOIVENT NOUS CROIRE MORTS VICTIMES DU "TEMBO TABOU"...

TAM TAM TAM

SPIROU ET FANTASIO RETOURNENT À LEUR BASE. SUR LA RIVE, IL N'Y A PLUS D'ÉLÉPHANT ROUGE...

OH ZUT! JE NE REGARDE PLUS CES HIPPOPO... OĀĀH

OĀĀH OĀĀH OĀĀH!

Roba Franquin et GREG 30 B

FIN

LA CAGE

UNE AVENTURE DE **BRING M. BACKALIVE** SPÉCIALISTE DE LA CAPTURE D'ANIMAUX RARES...

PAR Franquin DÉCORS DE WILL

DANS LA TOUFFEUR VERTE DE LA FORÊT PALOMBIENNE, DES CRIS D'OISEAUX INQUIETS ONT RÉSONNÉ PARMI LES TRONCS GÉANTS... CRAQUEMENTS DE BRANCHES BRISÉES... ET SOUDAIN UNE COURSE FOLLE!

J'AI DES KILO- MÈTRES D'AVANCE... IL NE PEUT PLUS ME REJOINDRE...

D'AILLEURS, AUSSI FIN QUE SOIT SON ODORAT, COMMENT RETROUVE- RAIT-IL LA PISTE EN L'AIR?...

PAR CONTRE, ICI...

...ELLE EST À L'EAU, LA PISTE! HA! HA! HA!

PLOUTCH

TCHAC TCHAC TCHAC

RÉUSSI! J'AI RÉUSSI CE QUE PERSONNE N'A PU FAIRE!...

...J'AI CAPTURÉ VIVANT L'ANIMAL **LE PLUS RARE DU MONDE!**

VIENS, JUNIOR, RESPIRONS UN PEU, TOUS LES DEUX ...

HOHOHO! NE FAIS PAS CETTE MINE! LES VOYAGES FORMENT LA JEUNESSE ...

ET PUIS TU AURAS UN SUCCÈS! QUAND JE PARLERAI DE TOI, LES DIRECTEURS DE ZOOS SE BATTRONT POUR M'OFFRIR UNE FORTUNE!

BI! BIBI!?!

...UN PEU COMME SI JE LEUR AMENAIS LE MONSTRE DU LOCH NESS AU BOUT D'UNE LAISSE ...

MAIS TOI, FISTON, TU N'ES PAS UNE ILLUSION...

...TU ES ICI, SOUS MA MAIN ...

2A

翰!!

HÉÉÉÉ, BEN!!! 'VA FALLOIR QUE J'OUVRE L'ŒIL, HMMM!

BIBI! BI!

PIF

OOOUAÏÏE! 'VA FALLOIR GARDER L'ŒIL FERMÉ...

HOUBA! GRRRÖÖKSS ARGNGRRR

SNIF SNIF

SNIF SNIF

2B

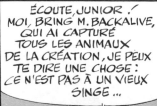

ÉCOUTE, JUNIOR ! MOI, BRING M. BACKALIVE, QUI AI CAPTURÉ TOUS LES ANIMAUX DE LA CRÉATION, JE PEUX TE DIRE UNE CHOSE : CE N'EST PAS À UN VIEUX SINGE...

...QU'ON APPREND À FAIRE DES GRIMACES... AAAHH !

BI ! BIBI !

OUILLAïAïAïë

BI ! BIBI !

SNIF SNIF

SNIF SNIF SNIF SNIF

SNIF SNIF SNIF

PLOUTCH

SNIF SNIFL SNIFL SNIFL SNIFL SNIFL

LE VIEUX BRING A APPRIS À BONDIR CHEZ LES GAZELLES DES SAVANES ARIDES...

PLOTCH

SIMPLE INCIDENT DE PARCOURS, POUR UN CARACTÈRE BIEN TREMPÉ...

D'AILLEURS, ON FATIGUE, HEIN ?! ON COMMENCE À MANQUER...

...DE RESSORT !

BOP

4A

SNIF SNIF BIBIBIBI BI BI !!

MOI QUI AI CAPTURÉ DES ÉLÉPHANTS À MAINS NUES, JE VIEN DRAI BIEN À BOUT...

...DE CETTE SALE PETITE GRENOUILLE À LONGUE QUEUE ! JE L'ENTENDS PAR LÀ... ÇA VA CHAUFFER

CRAC

4B

BI!

HOUBA!

HEU...TOUS LES FAUVES CRAIGNENT L'HOMME... C'EST SON REGARD...

..QUI LES IMPRESSIONNE. SEULE TACTIQUE : FAIRE FACE ET SE DIRE QUE ...

TOUT EST DANS L'ŒIL!

PAF

BI! BIBI!

5A

CHAQUE ANIMAL EST UN CAS PARTICULIER... JE VOIS MAINTE-NANT...

...CE QU'IL FAUT FAIRE QUAND ON RENCONTRE CELUI-CI...

...MON CAMP N'EST PAS... AÏE

CLAC

...N'EST PAS LOIN OW!

PAF

VI...V...VITE! DANS MA MA CA...CA...CAGE À ..JA...JA...JA JAGUAR...

5B

LE CADENAS !... LÀ !... HEUREUSEMENT UNE CAGE À JAGUAR, CONSTRUITE SELON LES...

CLIC

...PROCÉDÉS SECRETS DU VIEUX BRING, EST D'UNE SOLIDITÉ À TOUTE ÉPREUVE... 'FAUDRAIT UNE SCIE À MÉTAUX POUR LA DÉTRUIRE...

SPROTCH

SPROTCH

HOUBA !

BIBIBI BI

HOUBI HOUBI

BI BIBI

BI BIBI BI

BI

HOUBA

6A

J'EN SUIS SÛR, À PRÉSENT ; JE N'AI PAS EMPORTÉ LA CLEF DE CE CADENAS...

...JE N'AI PAS DE SCIE À MÉTAUX... ET RIEN ICI NE PEUT SERVIR À DÉTRUIRE CETTE CAGE...

SIX SEMAINES PLUS TARD... LE PREMIER POSTE HABITÉ SUR LE BORD DU RIO.

C'EST VRAI ? TU AS VU LE BATEAU DE BACKALIVE ?!

VOYONS QUEL PHÉNOMÈNE LE FAMEUX GARÇON EST ARRIVÉ À METTRE EN CAGE, CETTE FOIS·CI !...

6B

FIN

ON DIRA C'QU'ON VOUDRA, MAIS... TOUS CES DRÔLES D'ANIMAUX QUI VIENNENT DE L'ÉTRANGER, PFFFRTT... I'SONT PAS COMME NOUS...

...AH! ÇA, NON, 'FAUT DIRE CE QUI EST : IL N'EST PAS MÉCHANT AVEC ELLE...

...BÉ, HÉ...IL A COMME QUI DIRAIT UNE MAUVAISE INFLUENCE SUR ELLE...VOILÀ CE QU'IL Y A...

'M'EN VAS T'ENFERMER, MOI, LA FRISETTE... EN AVANT...

FINIS, CES PETITS JEUX!

BOP

...AH! TU NE SAIS PAS ?... IL EST CÔPAIN AVEC UN JEUNE ROUGE-GORGE, ET ILS FONT DES POURSUITES TERRIBLES...

?

HIHIHIHIHI HIHIHAHAAA! WOUAÄÄHH.

GUSTAVE !
VA DONC VOIR UN PEU
SI LEUR BÊTE, LÀ,
N'EST PAS ENCORE
A TURLUPINER
NOS ANIMAUX !...

CLOK

TOMD

KWÂK

KODÔÔK

CRONTCH
CROMCH

6

Franquin

VENEZ VOIR NOS MONSTRES MARRANTS

MAIS NON, VOYONS...

JE VEUX DIRE : NOS MONSTRES MALINS ...

MAIS NONNN ! NOS MONSTRES MARINS !

PLOUF

AÏE AÏCAÏE !

OOOOH ! ENCORE !

FLOUCHH

HOUBA, HOUBA, HOP !

MAIS QU'ON LES CHASSE, ET QU'ILS AILLENT JOUER AILLEURS, À LA FIN, QUOI ! !!

TÛÛT LES VOILA LÀ ! !!

!iiiiii!!

TTENTION !

Franquin

MARSUPILAMI-SPORT